Dieses Buch soll allen Christen, Nichtchristen, Gläubigen und Nichtgläubigen, allen Bedrängten und Besorgten gewidmet sein.

Herstellung und Verlag:

BOD – Books on Demand, Norderstedt
ISBN: 9783750469822

Das verlorene Evangelium,

oder
Vom Sterben und der Wiedergeburt der christl. Kirche

von Heinrich Stüter

Inhalt

Prolog

Der interessierte Leser mag sich fragen, was einen dazu bewegt, einige Zeilen über das Evangelium und die Kirche zu schreiben. Gibt es nicht schon genug dicke Wälzer, die seit Jahrhunderten von irgendwelchen hoch religiösen Menschen über Gott, Jesus und die ganze Theologie verfasst wurden?

Nun, ich bin zwar kein Freund von vielen Worten, aber ich denke, dass ich es Ihnen schuldig bin, meine Beweggründe offen zu legen.

Meine Frau, eine gebürtige Holländerin, befasste sich viele Jahre mit esoterischer - und spiritueller Literatur. Da ich auch ein spirituell denkender, bzw. fühlender Charakter bin, saßen wir oft Abende lang diskutierend zusammen. Ich muss gestehen, dass das die Zeit war, als ich der kath. Kirche den Rücken gekehrt habe. Sie war mir einfach zu sehr in ihren festen Strukturen gefangen, als dass sie den Geist Gottes wirklich weitergeben konnte.

Als dann 2001 Marianne, meine Frau, in unserem Ferienhaus in Spanien viel zu früh verstarb, riss es mir förmlich den Boden unter den Füßen weg, und mit ihm die ganze Esoterik und den Spiritismus, war Marianne doch mein Gegenpart in dieser Beziehung. All das, was wir an langen Abenden diskutierten, legte ich in eine Schublade, weit unten in den Schrank meiner Erinnerungen.

Und dann kam das, was oftmals unausweichlich ist: Ich lernte Irene kennen, eine Arbeitskollegin. Wir heirateten 2003 und bekamen unseren ersten Sohn. Da Irene aus einer kath. Familie stammt, war es eine Selbstverständlichkeit, dass der Junge getauft werden musste.

Dieses Taufgespräch werde ich nie vergessen.

Da kam ein mehr als wohlbeleibter Pater zu uns in die Wohnung:

„So, ihr wollt also euren Sohn taufen lassen!"

Was eine Frage hätte sein können war wohl mehr eine Feststellung, eine Feststellung mit dem Unterton eines Vorwurfs, wusste er doch genau, dass wir nicht kirchlich getraut waren.

„So, seid ihr denn auch kirchlich getraut?".

Wieder so eine Frage mit diesem vorwurfsvollen Unterton.

Und dann kam es noch schlimmer, denn als ich ihm eröffnete, dass ich ja schon vor längerer Zeit aus der Kirche ausgetreten war, fiel ihm förmlich die Kinnlade herunter und ein lautes „Ooooohh" entschlüpfte seinen aufgeworfenen Lippen.

Nun gut, um es kurz zu machen. Zur Beruhigung der Familie trat ich wieder der Kirche bei. Irene und ich ließen uns vom Pater trauen und so stand auch der Taufe nichts mehr im Wege.

Dann ging es den gewohnten Gang:

Eine Tochter wird geboren, getauft. Und zwei Jahre später ein weiterer Junge. Dann Erstkommunion des ersten Jungen. Über Kindergarten, Kommunionkindergruppen wird man immer mehr Teil der Gemeinde, bis man mich zu guter letzt noch in den Gemeinderat wählte. Mit dem, was dort Sonntag für Sonntag in der Kirche erzählt und „gefeiert" wurde, konnte ich aber nach wie vor nichts anfangen. Für mich waren das alles nur leere Worte. Bis sich eines Tages etwas ereignete, dessen Tragweite ich zu dem Zeitpunkt noch überhaupt nicht erfassen konnte:

Beim aufräumen des Bücherregals fiel mir ein Buch über Geistheilung in die Hände. Ein Buch in dem auch aus dem Evangelium zitiert wurde. Und da ich nicht gleich jedes Wort, was gesagt oder geschrieben wird für bare Münze nehme, ging ich ein zweites mal zum Bücherregal, griff mir die alte Bibel meiner Mutter heraus und schlug nach. Und je tiefer ich in die Lektüre einstieg, desto fesselnder fand ich die Texte. Es waren weniger die dort beschriebenen Wunderheilungen und Wundertaten. Die waren ja hinlänglich bekannt. Ebenso wenig wie die Gleichnisse, in denen Jesus zu dem Volk sprach. Es waren die Worte, mit denen Jesus seinen Vater beschrieb und sein Verhältnis zu ihm. Mit denen er die Kraft beschrieb, die ihn dazu befähigte, all das zu tun, was er getan hat. Und vor allem die Verbindung von ihm zum Vater und zu seinen Jüngern, die mich förmlich umhauten.

All das kam mir in den liturgisch eingemauerten Gottesdiensten der Kirche, wenn überhaupt, dann aber so verklausuliert herüber, dass ich annehmen musste, dass nicht ich allein von all dem nichts verstand. Ja, vielleicht sogar bewusst in Unkenntnis gehalten wurde.

Heute kann ich nur JEDEM wärmstens empfehlen, sich eine Bibel zu kaufen und die Evangelien, die

FROHE BOTSCHAFT

mit wachem Verstand und offenem Herzen zu studieren, denn was Jesus uns hier verspricht, das ist die Befreiung schlecht hin. Die Befreiung des Geistes und daher in höchstem Maße spirituell.

Jesus Fürbitte für alle Glaubenden:

Aber ich bitte nicht nur für diese hier, sondern auch für alle, die durch ihr Wort an mich glauben. Alle sollen eins sein: Wie du, Vater in mir bist und ich in dir bin, sollen auch sie in uns sein, damit die Welt glaubt, dass du mich gesandt hast. Und ich habe ihnen die Herrlichkeit gegeben, die du mir gegeben hast; denn sie sollen eins sein, wie wir eins sind, ich in ihnen und du in mir. So sollen sie vollendet sein in der Einheit, damit die Welt erkennt, dass du mich gesandt hast und die Meinen ebenso geliebt hast wie mich. Vater, ich will, dass alle, die du mir gegeben hast, dort bei mir sind. Sie sollen meine Herrlichkeit sehen, die du mir gegeben hast, weil du mich geliebt hast vor der Erschaffung der Welt. Gerechter Vater, die Welt hat dich nicht erkannt, ich aber habe dich erkannt und sie haben erkannt, dass du mich gesandt hast. Ich habe ihnen deinen Namen bekannt gemacht und werde ihn bekannt machen, damit die Liebe, mit der du mich geliebt hast, in ihnen ist und damit ich in ihnen bin. (Joh. 17,20-26)

Die Frage nach Gott

Vor einigen Tagen sprach ich mit einer Freundin über Gott. Anlass war die Meinung eines Katholikentag - Besuchers, der im WDR unter anderem Gott als Terroristen bezeichnet hat. Er machte das an einigen Stellen im Alten Testament fest, wo Gott als zerstörender, und vielleicht auch zorniger, strafender Gott beschrieben wird. Meine Freundin meinte, dass das nicht so abwegig sei. Man denke da nur an die Sintflut, an Sodom und Gomorrha oder an die Tötung aller Erstgeborenen in Ägypten. Auch sie hätte jedesmal ein schlechtes Gewissen, wenn sie im Supermarkt eine Erdbeere aus einem Körbchen nahm, um den Geschmack zu prüfen,. - Man darf ja nicht stehlen - .

Ich will hier nicht dem Diebstahl das Wort reden, oder die Zehn Gebote in Abrede stellen. Schließlich basiert unser ganzes Wertesystem, unser Grundgesetz letztendlich auf diese in Stein gemeißelten Gebote. Aber wurde nicht gerade der strafende, manchmal auch zornige Gott, der alles vernichtet, was nicht in sein Menschenbild passt von der Kirche, Jahrhunderte, vielleicht sogar Jahrtausende lang dazu benutzt, um sich die Untertanen, das Kirchenvolk gefügig zu machen? Hätte es diesen strafenden Gott nicht gegeben, man hätte ihn erfinden müssen (vielleicht war es ja auch so).

Aber mal ernsthaft:

Würden die Katastrophen, die im Alten Testament Gott zugeschrieben werden, heute passieren, es gäbe für jede eine wissenschaftlich untermauerte Erklärung. Wer wusste denn schon damals, dass Naturkatastrophen auf der anderen Seite des Globus, sich über den Persischen Golf, bis nach Europa hin auswirken können.

So hatte z.B. ein gigantischer Vulkanausbruch in Indonesien im fünften Jahrhundert, ganz Europa mit einer giftigen Schwefelwolke überzogen. Ernten wurden vernichtet, Bäume verloren ihr Laub und starben ab. Die Folge: Eine Hungersnot gigantischen Ausmaßes. Und wer war Schuld? Natürlich Gott. Und das nur, um die sündigen Menschen zu bestrafen?

Auch die sieben Ägyptischen Plagen, mit denen Moses, bzw. Gott die Ägypter bestrafte, können dank der heutigen Wissenschaft erklärt werden. Selbst im Mittelalter noch bestrafte Gott die Menschen mit Krankheiten, Seuchen und Pesttod. So machte sich die Obrigkeit die Menschen gefügig.

Als die Juden vor vielen tausend Jahren Ägypten verließen und durch die Wüste zogen, war eine Macht, die das Volk zusammen hält, unabdingbar. Die dafür gegebenen Gesetze wurden aber mit den Jahren durch Gesetzeslehrer und Priester immer mehr verändert und nach ihren Bedürfnissen ausgelegt. Und genau vor diesen Leuten hat unser Religionsstifter - Jesus Christus - immer wieder gewarnt. Es ist so gut wie sicher, dass er nicht einmal eine neue Religion gründen wollte. Liest man die Evangelien aufmerksam durch, dann bemerkt man schnell, dass er den Juden ein neues Gottesbild vermitteln wollte. Allerdings ohne den gewünschten Erfolg – wie man heute sieht.

Den Juden war es strengstens verboten, den Namen Gottes auszusprechen. Gott war ein Gott auf Distanz, und ist es bei den Juden heute noch. Jesus bricht mit dieser Distanz, er nennt Gott, den VATER.

Gibt es eine engere Verbindung als die zwischen Vater und Kind?

Und genau das ist die Basis, das Fundament, der Leitgedanke des Christentums. Der Vater will weder verehrt, noch gefürchtet werden. Er ist die bedingungslose Liebe schlechthin. Selbst wenn ein Kind sich einmal von ihm abgewendet hat und kehrt irgendwann zu ihm zurück, so empfängt er es freudig, mit offenen Armen - darauf dürfen wir uns verlassen!

In dem Gespräch am Jakobsbrunnen (Joh. 1,4-26) geht es darum, wo Gott angebetet werden soll und was Gott ist. So sagt die Frau: *„Unsere Väter haben Gott auf diesem Berg angebetet; ihr aber sagt, in Jerusalem sei die Stätte, wo Gott angebetet werden muss."* Jesus sagte zu ihr:

„Ihr betet an, was ihr nicht kennt, wir beten an, was wir kennen; denn das Heil kommt von den Juden. Aber die Stunde kommt und sie ist schon da, zu der die wahren Beter den Vater anbeten werden im Geist und in der Wahrheit; denn so will der Vater angebetet werden. Gott ist Geist und alle, die ihn anbeten, müssen im Geist und in der Wahrheit anbeten."

An einer anderen Stelle sagt Jesus (Mt. 11,27).:

„Mir ist von meinem Vater alles übergeben worden; niemand kennt den Sohn, nur der Vater, und niemand kennt den Vater, nur der Sohn und der, dem es der Sohn offenbaren will."

Im Johannes-Evangelium fragt Philippus:

„Herr, zeig uns den Vater, das genügt uns."

Jesus antwortet:

„Schon so lange bin ich bei euch, und du hast mich nicht erkannt, Philippus? Wer mich gesehen hat, hat den Vater gesehen. Wie kannst du sagen: Zeig uns den Vater? Glaubst du nicht, dass ich im Vater bin, und dass der Vater in mir ist?" (Joh. 14,8 ff)

Und genau das ist die Mission Jesu: Den Menschen zu offenbaren, wer der Vater – wer oder was Gott ist.

Liest man in den Evangelien weiter, kommt man sehr schnell zu dem Schluss, dass es auf keinen Fall das ist, was die Juden zu der Zeit als Gottesbild hatten. Durch die Schriftgelehrten wurde das Gottesbild so ausgelegt, dass sie den Menschen schwere Lasten auferlegen konnten, sich selber aber nicht danach richteten, wie Jesus sagt (Mt. 23,4).:

„Sie schnüren schwere Lasten zusammen und legen sie den Menschen auf die Schultern, wollen selber aber keinen Finger rühren, um die Lasten zu tragen."

11

Von sich sagt er aber:

„Kommt alle zu mir, die ihr euch plagt und schwere Lasten zu tragen habt. Ich werde euch Ruhe verschaffen. Nehmt mein Joch auf euch und lernt von mir, denn ich bin gütig und von Herzen demütig. So werdet ihr Ruhe finden für eure Seele. Denn mein Joch drückt nicht und meine Last ist leicht." (Mt. 11,28)

Wer, oder was ist Gott?

Diese Frage treibt die Kirche schon seit dem 3.Jahrhundert um, als sich Arianer und Trinitarier um die Person Christi stritten. Selbst das durch Kaiser Konstantin im Jahre 325 einberufene Konzil von Nicäa konnte die Wogen nicht glätten. Erst viele Jahrzehnte später setzte sich beim Konzil in Konstantinopel eine hauchdünne Mehrheit durch, die die Trinität, die Dreifaltigkeit Gottes festlegte. Allerdings brodelt es bis heute unter der Oberfläche weiter.

In den verschiedenen Ausrichtungen des Christentum ist man sich bis heute über die Person – über die Wesenheit Gottes nicht einig.

So muss man sich denn auch nicht wundern, wenn am Dreifaltigkeitstag, dem Sonntag nach Pfingsten, aus berufenem Munde zu hören ist: „Gott ist nicht definierbar."

Hat die Kirche das Evangelium vergessen?

Wenn man den Worten Christi Glauben schenkt – und das ist ja wohl das Fundament des Christentums – so kommt man um die Frohe Botschaft nicht herum: Jesus und der Vater, der Geist, sind eins, so wie Jesus in uns ist und wir in ihm sind. Das hieße also: Der Vater, der Geist ist in uns, und da meine ich: In **jedem** Menschen, nur die meisten (auch sogenannte Christen) wissen es nicht. Es sollte die Aufgabe der Kirche sein, diese Frohe Botschaft, diese Botschaft der Befreiung weiter zu tragen. Die Botschaft, zu wissen, dass Gott, der Geist, der bedingungslos liebende Vater in uns ist. Wo wir uns vor fürchten müssen, das ist nicht Gott, das ist unser, nur all zu menschlicher Egoismus.

Und genau **dadurch** entstehen die größten Katastrophen.

Selbst wenn Gott, der bedingungslos liebende Vater die Menschen für ihre Taten, ihre Sünden bestrafen wollte, er hat es gar nicht nötig. Dafür sorgen wir Menschen schon ganz allein!

So wie im 17. Jahrhundert der dreißigjährige Krieg ganz Europa mit Elend und Hunger überzog, zwei drittel der Bevölkerung im Elend starben, genau so wiederholt sich das heute im Jemen, in Teilen Afrikas und in Syrien.

Das war schon immer so.

Für viele dieser Kriege werden religiöse Gründe genannt.

Ob es die Katholiken gegen die Protestanten sind, oder die Sunnieten gegen die Schiiten, oder Christen gegen Muslime. Im Grunde verbergen sich aber reine wirtschaftliche und machtpolitische Interessen dahinter.

Zusätzlich zu diesen, seit Menschengedenken auftretenden Katastrophen, wird uns jetzt und in Zukunft immer häufiger Elend und Not durch die gnadenlose Ausbeutung der Erde, der Pflanzen und Tierwelt, sowie vieler Menschen begleiten.

Im Laufe der kirchlichen Geschichte gab es immer wieder mutige Lehrer, die versuchten, die festen Strukturen und Dogmen zu durchbrechen, wie z.B. der Dominikanerpater Meister Eckhart (1260-1327). Neben vielen anderen gehaltvollen Leitsätzen stammt von ihm der bedeutende Satz:

„Gott ist immer in uns, nur wir sind selten zu Hause!"

Natürlich konnte die mittelalterliche Kirche dem umtriebigen Dominikaner Pater nicht tatenlos zusehen, denn wenn das gemeine Volk dahinter käme, dass jeder Mensch „der Tempel Gottes ist", würde es schnell ein Ende haben, mit der Unterdrückung durch Obrigkeit und Kirche. Und so verurteilten sie ihn wegen Ketzerei. Und dass diese Befürchtung nicht unbegründet war, beweist 220 Jahre später die Reformation.

Über den Sinn und die Grundlage unserer Theologie äußert sich Neale Donald Walsch in seinem Buch : „Gespräch mit Gott" wie folgt:

„Alles, und somit auch die Grundlage der Theologie, hängt davon ab, was ihr als Sinn des Lebens anseht. Wenn ihr glaubt, dass das Leben ein Test, eine Prüfung, eine Probezeit darstellt, in der ihr auf Herz und Nieren geprüft werdet, um festzustellen,
„ob ihr würdig seid", *dann ergeben eure Theologien einen gewissen Sinn.*
Wenn ihr aber glaubt, dass das Leben als eine Gelegenheit, als ein Prozess existiert, durch den ihr entdeckt – euch erinnert –,
„ dass ihr würdig seid" *(und es immer wart), dann scheinen eure Theologien hirnrissig zu sein.*

Wenn ihr glaubt, dass Gott ein egoerfüllter Gott ist, der Aufmerksamkeit, Anbetung, Wertschätzung und Zuneigung verlangt – und tötet, um sie zu bekommen -, dann haben eure Theologien einen gewissen Zusammenhang.
Wenn ihr aber glaubt, dass Gott ohne Ego und Bedürfnisse, sondern die Quelle aller Dinge und der Sitz aller Weisheit und Liebe ist, dann fallen eure Theologien auseinander.

Wenn ihr glaubt, dass Gott ein rachedurstiger Gott ist, eifersüchtig in seiner Liebe und grimmig in seinem Zorn, dann sind eure Theologien perfekt.

Wenn ihr aber glaubt, dass Gott ein friedvoller Gott ist, voller Freude in seiner Liebe und leidenschaftlich in seiner Ekstase, dann sind eure Theologien nutzlos.

Ich sage dir dies: Der Sinn des Lebens besteht nicht darin, dass ihr Gott erfreut und gefällig seid. Der Sinn des Lebens besteht darin, dass ihr die seid, die -ihr- seid, erkennt und wieder erschafft. Und wenn ihr das tut, erfreut ihr Gott und verherrlicht ihn."

Warum wir Gott nicht erkennen!

Immer mehr Menschen richten sich nach ihrem materiellen, physischen Körper aus. Ihre geistige Existenz, ihr geistiges Wesen wird darüber vollkommen vernachlässigt. Sie kennen sich bestens mit den Prospekten und Sonderangeboten der Kaufhäuser und Modegeschäfte aus, aber ein wirklich gutes Buch haben die wenigsten, wenn überhaupt, dann aber schon lange nicht mehr gelesen. Statt dessen können sie aber die Fernsehprogramme vor- und rückwärts aufsagen, nach möglichkeit gespickt mit einer Unzahl an Werbeeinlagen.

Hat nicht Jesus immer wieder und in vielen Gleichnissen davor gewarnt, das Materielle in den Focus des Denkens und Strebens zu stellen? Ob in Vergleichen wie der mit dem Kamel, das eher durch ein Nadelöhr geht, als ein Reicher in das Himmelreich, oder der von den Vögeln des Himmels, die, obwohl sie nicht sähen und ernten, von unserem himmlischen Vater ernährt werden.
So sagt Jesus bei Lukas 12,15:
„Gebt Acht, hütet euch vor jeder Art von Habgier. Denn der Sinn des Leben besteht nicht darin, dass ein Mensch auf Grund seines großen Vermögens im Überfluss lebt. "

Und er erzählte dann das Beispiel von dem reichen Mann, der eine sehr gute Ernte eingefahren hatte, so dass er größere Speicher bauen ließ, und hoffte, nun eine lange Zeit in Freuden davon leben zu können. Aber Gott sprach zu ihm:

„Du Narr! Noch in dieser Nacht wird man dein Leben von dir zurück fordern. Wem wird dann alles das gehören, was du angesammelt hast? "

Mahatma Gandhi sagte einmal:

„Die Erde ist groß genug für die Bedürfnisse aller, jedoch zu klein für die Gier weniger".

Und genau das ist das, was uns in ungeschminkter Klarheit Tag für Tag vor Augen geführt wird. Die Schere zwischen unendlich Reich und bitter Arm klafft immer weiter auseinander. Dies betrifft nicht nur diejenigen, die über ein Jahreseinkommen von mehreren zig Millionen verfügen und auf der anderen Seite jene, die mit ihren geringen Lohn nicht einmal halbwegs anständig über den Monat kommen. Der Wohlstand, den sich die Staaten auf der nördlichen Halbkugel erwirtschaftet haben, ist vorwiegend zu Lasten der Menschen im Süden, in Afrika, in Asien und den indigenen Völkern in Amerika gegangen. Darüber hinaus wird noch heute an der Natur gnadenlos Raubbau betrieben.

Wissenschaftler haben kürzlich ermittelt, dass wir in den Industriestaaten so viel Rohstoffe verbrauchen, als hätten wir drei Erden zur Verfügung. Da fragt man sich nur: Was hinterlassen wir unseren Kindern und Enkeln?

Liest man weiter in den Evangelien, so wird einem schnell klar, dass Jesus noch einen zweiten Aspekt gegen Habsucht und Gier anführt, denn Habsucht und Gier schaden nicht nur den Ausgebeuteten, sondern vielleicht noch in viel größerem Maße dem Habsüchtigen selbst.

Und wenn hier von Habsüchtigen gesprochen wird, dann ist nicht der jenige gemeint, der durch eine glückliche Fügung zu Reichtum und Wohlstand gekommen ist. Habsucht ist vielleicht sogar noch eher im kleinen zu finden; bei dem, dem - verführt durch ausgeklügelte Marketing-Strategien und Werbung der Industrie und des Handels – immer wieder neue Bedürfnisse suggeriert werden.

Wer kennt sie nicht die Werbung von der Creme, die dich schöner macht, die Kettensäge, die erst einen richtigen Kerl aus dir macht, usw. So ließe sich die ganze Palette der Konsumgüter aufzählen, von Lebensmitteln (es wurden noch nie so viel Lebensmittel weggeworfen wie zur Zeit), über Kleidung (die Altkleidercontainer quellen über, und selbst in Afrika weiß man nicht mehr wohin damit), zur Unterhaltungselektronik (jedes Jahr muss ein neues Handy her), bis hin zu Möbeln, Autos und Wohnhäusern. Immer neuer, immer größer. War noch vor zwanzig Jahren eine Wohnung mit 70 qm für eine dreiköpfige Familie vollkommen ausreichend, müssen es heute mindestens 100 bis 120 qm sein. Um diesem erhöhten Bedarf nach Wohnraum nachzukommen, werden immer mehr Grünflächen betoniert. Bäume gefällt. Und man wundert sich, dass die Feinstaubbelastung in den Ballungszentren immer weiter ansteigt. -Wer denkt darüber nach, dass allein zur Herstellung einer Jeans mehrere tausend Liter Wasser verbraucht werden.
In Asien das lebensnotwendige Trinkwasser daher immer knapper wird.
Und obwohl immer häufiger besonders umweltfreundlich produzierte Kleidungsstücke auf den Markt kommen, also anzunehmen sein könnte, dass sich im Verhalten der Konsumenten etwas geändert habe, wurde von Ökologen und Ökonomen gleichermaßen festgestellt, dass sich in den letzten zehn Jahren, die Nachfrage nach Kleidungsstücken mehr als verdoppelt, und somit die Produktion entsprechend gestiegen ist. Umweltverbände raten daher dringend dazu, nicht allein auf umweltfreundlich hergestellte Waren zu schauen, sondern die bereits erworbenen Kleidungsstücke länger zu tragen!

Dies sollen nur einige Beispiele für unsere Verschwendungssucht sein.

Immer mehr Menschen lassen sich allerdings durch die raffinierten Techniken der Werbung verführen. Sie sind Getriebene ihrer falschen Bedürfnisse. Sie sehen etwas, das ihnen Glück verspricht - sie müssen es haben. Doch dieses Glück kann nur von kurzer Dauer sein. Oftmals hält es sogar nur so lange an, bis das erstandene Teil bezahlt und eingepackt ist. Denn schon wird das nächste Teil entdeckt.

Jesus sagt dazu, als er seinen Jüngern das Gleichnis vom Sämann erklärt:

"... Der Sämann sät das Wort.... Bei denen das Wort in die Dornen fällt: Sie hören es zwar, aber die Sorgen der Welt, der trügerische Reichtum und die Gier nach all den anderen Dingen machen sich breit und ersticken es und es bringt keine Frucht. (Mk. 4,13-20)

Wer sein Auge nur auf das Äußere richtet, sieht und kann doch nicht sehen.

Und wenn Jesus sagt:

"Denn wer hat, dem wird gegeben, und er wird im Überfluss haben; wer aber nicht hat, dem wird auch noch weggenommen, was er hat (Mt. 13,12),

dann ist damit nicht materieller Reichtum und Wohlstand gemeint, sondern geistige Erkenntnis; das Sehen nach Innen.

Darauf zitiert er die Weissagung des Jesajas:

Hören sollt ihr, aber nicht verstehen; / sehen sollt ihr, aber nicht erkennen.

Denn das Herz dieses Volkes ist hart geworden / und mit ihren Ohren hören sie nur schwer / und ihre Augen halten sie geschlossen, / damit sie mit ihren Augen nicht sehen / und mit ihren Ohren nicht hören, / damit sie mit ihren Herzen / nicht zur Einsicht kommen, / damit sie sich nicht bekehren und ich sie nicht heile.

Seinen Jünger sagt er darauf:

„Ihr aber seid selig, denn eure Augen sehen und eure Ohren hören."

Aber obwohl er ihnen die Gleichnisse deutete, ist davon auszugehen, dass auch sie ihn nicht verstanden haben.

Immer wieder mahnte er ihren schwachen Glauben an, so z.B als er einen mondsüchtigen Jungen heilte (Mt. 17,19)

Als die Jünger mit Jesus allein waren, wandten sie sich an ihn und fragten: Warum konnten denn wir den Dämon nicht austreiben?

Er antwortete:

„Weil euer Glaube so klein ist. Amen, das sage ich euch: Wenn euer Glaube auch nur so groß ist wie ein Senfkorn, dann werdet ihr zu diesem Berg sagen: Rücke von hier nach dort!, und er wird wegrücken. Nichts wird euch unmöglich sein."

Und bei Markus antwortet er dem Vater des Jungen, als der ihn fragt, ob er den Jungen heilen könne, fast schon ungehalten:

Doch wenn du kannst? Jeder kann, der glaubt! (Markus 9,23).

Die Kraft Gottes in uns

Lenkt man beim Lesen der Evangelien den Focus auf Jesu Worte, auf seine Erklärungen, die er den Geheilten oder seinen Jüngern gab, so fällt einem auf, dass er immer wieder von der Kraft des Glaubens sprach. Und hier ist nicht etwa von dem Glauben die Rede, der vom Volksmund so leicht mit dem Satz: „Glauben heißt nicht wissen", abgetan wird. Hier ist anstatt Glauben wohl eher GEWISSHEIT gemeint. Und diese Gewissheit muss bei der kanaanitischen Frau, deren Tochter Jesus heilen sollte, so groß gewesen sein, dass allein sein Wort ausreichte, um die daheim liegende Tochter zu heilen.

Darauf erwiderte ihr Jesus:

Frau, dein Glaube ist groß. Was du willst, soll geschehen. Und von dieser Stunde an war ihre Tochter geheilt. (Mt. 15,28)

Wozu ein starker Glaube sie befähigen kann, versucht Jesus seinen Jüngern an anderer Stelle zu erklären:

Als sie an dem verdorrten Feigenbaum vorbei kamen, den Jesus am Tag zuvor verflucht hatte und Petrus sich darüber wunderte, sagte Jesus:

„Ihr müsst Glauben an Gott haben. Amen, das sage ich euch: Wenn jemand zu diesem Berg sagt: Heb dich empor und stürz dich ins Meer!, und wenn er in seinem Herzen nicht zweifelt, sondern glaubt, dass geschieht, was er sagt, dann wird es geschehen. Darum sage ich euch: Alles, worum ihr betet und bittet – glaubt nur, dass ihr es schon erhalten habt, dann wird es euch zuteil. (Markus 11, 22-24)

So machte Jesus seinen Jüngern immer wieder klar, dass ihr Glaube nur groß genug sein muss; dass sie nur an ihn glauben müssen.

Das versuchte er ihnen auch begreiflich zu machen - als er ihnen den Weg zum Vater erklären will - dass der Glaube an ihn sie zu großen Taten befähigt:

„Amen, amen, ich sage euch: Wer an mich glaubt, wird die Werke, die ich vollbringe, auch vollbringen und er wird noch größere vollbringen, denn ich gehe zum Vater." (Joh. 14,12)

Nur, was sollen seine Jünger glauben?
Dass Jesus Gottes Sohn ist? Dass **er** mit der Kraft Gottes, Kranke heilen kann? Dass **er** mit der Kraft Gottes, den Sturm bezwingen kann? Dass **er** mit der Kraft Gottes, Tote erwecken kann?
Aber was ist mit ihnen?
Als er Petrus geheißen hatte, über das Wasser zu ihm zu kommen, war Petrus Vertrauen, seine Gewissheit, dass das funktionieren würde, so groß, dass er ausstieg und zu Jesus herüber kam. Erst als ihn die Furcht übermannte, sein Vertrauen verloren ging, versank er in den Fluten. Jesus streckte die Hand nach ihm aus und sagte: *„Du Kleingläubiger, warum hast du gezweifelt?"*
(Mt.14,29)

Aber **was** sollen sie glauben, um auch nur annähernd die Werke zu vollbringen, wie Jesus sie vollbracht hat? Oder besser gesagt: Wessen sollen sie sich gewiss sein? Wessen sollen WIR uns gewiss sein?

Nun, gehen wir noch einmal ganz zum Anfang zurück. Zu der Frage nach der Wesenheit Gottes.
Jesus sagte der Frau am Jakobsbrunnen: **„Gott ist Geist** und alle, die ihn anbeten, müssen im Geist und in der Wahrheit anbeten."
Und wenn Jesus nun seinen Jüngern sagt:
„An jenem Tag werdet ihr erkennen: ich bin in meinem Vater, ihr seid in mir und ich bin in euch",(Joh. 14,20)

oder Philippus erklärt:

„Der Vater, der in mir bleibt, vollbringt seine Werke. Glaubt mir doch, dass ich im Vater bin und dass der Vater in mir ist",

(Joh. 14, 7-12)

Dann sollten doch damit alle Fragen beantwortet sein:

Gott, der Vater, der allmächtige Geist ist in Jesus und vollbringt durch ihn seine Werke, heilt Kranke und erweckt Tote.

Aber Gott, der Vater ist ebenso in jedem von UNS. Dessen müssen wir uns nur bewusst sein, IMMER ! Zu jeder Zeit, bei allem was wir tun und denken. Dann werden auch wir seiner Göttlichkeit, seiner göttlichen Kraft teilhaftig sein.

Was ist Sünde?

Beim Familiennachmittag der Erstkommunionkinder saßen wir Eltern neulich in einer Runde zusammen und diskutierten über die Beichte. Nicht gerade wenige Eltern waren der Meinung, dass Kinder im Alter von 8 Jahren wohl kaum etwas zu beichten haben.
Wie denn unsere erste Beichte ausgesehen hätte? Wurde darauf gefragt.
„Nun", antwortete ich. „Es gibt dort eine Tabelle, die sich die ZEHN GEBOTE nennt. Die wurde durchgearbeitet und abgehakt, in der Art: Hab ich, hab ich nicht. Und schließlich fand man dann schon irgendetwas, was man dem Pastor erzählen konnte."
Allgemeines Kopfnicken machte die Runde.
Darauf wurden folgende Fragen in den Raum gestellt:
Ist es eine Sünde, wenn man genascht hat?
Ist es eine Sünde, wenn man sich mit einem Schulkameraden gestritten, vielleicht sogar geprügelt hat?
Ist es eine Sünde, wenn man geschwindelt hat?
Ist es eine Sünde, wenn man andere beschimpft oder beleidigt hat? - Ja?
Aber hat nicht Jesus selbst sich ständig mit den Schriftgelehrten und Pharisäern angelegt? Hat er sie nicht als Heuchler, Nattern, Schlangenbrut und blinde Blindenführer bezeichnet? Hat er nicht voller Zorn die Händler aus dem Tempel gejagt? Waren das etwa auch Sünden??
Also was ist nun Sünde?
Diese Fragen wurden gestellt.
Letztendlich lief es darauf hinaus, dass man sich ja bedrückt fühle, wenn man etwas falsch gemacht hat. Und um sich von diesem Druck zu befreien, bietet die Kirche eben die Beichte an. Aber wer kennt die Situation nicht, dass ihm bei einem Streitgespräch plötzlich die passenden Worte und Argumente fehlen, die einem dann erst viel später, abends im Bett einfallen? Nach meiner

eigenen Erfahrung steht man dann heftig unter Druck. Ist es denn nicht so, dass es dem Sieger immer wunderbar geht, er sich in seiner Rolle bestätigt fühlt, während es dem Verlierer miserabel geht? Soll der Verlierer nun zur Beichte gehen und sagen: Ich war nicht stark genug, ich hab mich übertölpeln lassen?

Ich denke, so einfach kann man sich das nicht machen.

Wie nicht anders zu erwarten, ging dann auch die ganze Runde ohne ein Ergebnis oder eine Erkenntnis zu Ende. Wer wollte, könne sein Kind zur Beichte schicken, wer nicht wollte, der ließ es eben bleiben.

Aber was ist denn nun wirklich Sünde?

Betrachtet man das Wort „SÜNDE" einmal etwas genauer, so fällt einem vielleicht auf, dass das Wort SÜNDE von SONDERN, also ABSONDERN kommt. Es ist demnach das ENTFERNEN oder ENTFERNTSEIN von Gott. Wenn ich mich nur noch mit meinem EGO beschäftige, mein ganzes Streben nur noch nach Materiellem ausgerichtet ist, und ich darüber meine geistigen Wurzeln – meinen Ursprung – vergesse.

Christus sagt: *Der Vater und ich, wir sind Eins. Und wie der Vater und ich Eins sind, so bin ich in euch und ihr seid in mir.*

Und wenn mir dieses nicht in meinem tiefsten Inneren bewusst ist – wenn ich nicht im wahrsten Sinne des Wortes SELBSTBEWUSST bin – bin ich angreifbar. Angreifbar für die gerissenen Verführungen der Werbung. Angreifbar und verletzbar in meinem Ego. Aber wenn ich mir dessen immer bewusst bin: Gott, der bedingungslos liebende Vater ist in mir, immer und in jedem, dann lebe ich mit ihm **und mit mir selbst** in Einklang und Harmonie. Allerdings ist dieses Bewusstwerden kein Zustand, den man wie mit dem Umlegen eines Lichtschalters erreichen kann. Es muss geübt werden, wie man ein Instrument üben muss – wie ein Kind das Laufen lernen muss.

Ab und an geraten wir in Situationen, die uns manchmal so richtig in Rage bringen können. Situationen, in denen wir uns selbst vergessen. Aber auch in ganz normalen Alltagssituationen wird das Bewusstsein, der Geist des Vaters ist in uns, uns unser Leben leichter machen, uns fröhlicher auf andere Menschen zuzugehen.
Jesus verspricht uns:

„Kommt alle zu mir, die ihr euch plagt und schwere Lasten zu tragen habt. Ich werde euch Ruhe verschaffen. Nehmt mein Joch auf euch und lernt von mir, denn ich bin gütig und von Herzen demütig. So werdet ihr Ruhe finden für eure Seele. Denn mein Joch drückt nicht und meine Last ist leicht." (Mt. 11,28)

Geheimnis des Glaubens

In der katholischen Kirche wird bei der Eucharistie vom „Geheimnis des Glaubens" gesprochen. Doch was ist das für ein Geheimnis? Ein Geheimnis, wie sich Brot in den Leib, und Wein in das Blut Christi verwandelt? Hat etwa Jesus aus seinem Evangelium, seiner Frohen Botschaft ein Geheimnis gemacht? Oder hatten die Frühchristen einfach seine Botschaft nicht recht verstanden, und darum ein Geheimnis daraus gemacht?

Wenn man den vier Evangelien glauben darf – und das ist ja wohl die Basis des Christentums – dann hat Jesus zu jeder Gelegenheit mit Nachdruck seinen Jüngern zu verstehen gegeben, dass der Vater, also Gott und er eins sind, genau so, wie er in ihnen, sprich in uns ist. Sie sollten sich dessen bewusst sein, dass die Kraft Gottes, des ewigen, allmächtigen Geistes mit und durch ihn, in ihnen ist. Und was liegt da näher, als dass er den schlichten, einfachen Menschen, die ja wohl zu seiner Zeit Fischer waren, versucht, klar zu machen: Wenn ihr das Brot esst, es euch einverleibt, dann denkt, das bin ich. So wie das Brot nun in euch ist, so bin ich in euch, und mit mir der Vater.

Und es ist keineswegs so, dass Jesus allein bei ihrem letzten, gemeinsamen Essen, beim letzten ABENDMAL kurz vor seiner Ergreifung seine Jünger in dieser Form ansprach.

Als er in der Synagoge von Kafarnaum zu den Juden sprach, versuchte er es allen deutlich zu machen, in dem er u.a. sagte:
„Wer mein Fleisch isst und mein Blut trinkt, der bleibt in mir und ich bleibe in ihm" (Joh. 6.56).

Allerdings werden Zeitgenossen, die lediglich den physischen Menschen sehen, sich selbst als Ansammlung von Zellen betrachten, die rein zufällig die Evolution hervor gebracht hat, diesen Gedanken mit einem mitleidigen Lächeln abtun.

Mit diesen Menschen kann ein gläubiger Christ nur aufrichtiges Mitleid empfinden. Und es macht keinen Sinn, ihnen das Evangelium, die Frohe Botschaft nahe bringen zu wollen.

Auch Jesus wusste das schon als er seine Jünger aussandte, sagte er ihnen (Mt. 10,12-14):

„Wenn ihr in ein Haus kommt, dann wünscht ihm Frieden. Wenn das Haus es wert ist, dann soll der Friede, den ihr ihm wünscht, bei ihm einkehren. Ist das Haus es aber nicht wert, dann soll der Friede zu euch zurückkehren. Wenn man euch aber in einem Haus oder einer Stadt nicht aufnimmt und eure Worte nicht hören will, dann geht weg und schüttelt den Staub von euren Füßen.“

Die Voraussetzung, die christliche Lehre, die Frohe Botschaft, das Evangelium zu verstehen, ist eben das Bewusstsein, dass der Mensch nicht ein Zufallsprodukt der Evolution, sondern dass er in erster Linie ein Geistwesen ist, das eine körperliche Gestalt angenommen hat. In Gewissheit dieser geistigen Existenz, dieser spirituellen, göttlichen Kraft, kann es nicht schwerfallen, die Worte Jesu zu verstehen, wenn er dem Vater des mondsüchtigen Jungen auf seine Bitte: „Doch wenn du kannst, hilf uns; hab Mitleid mit uns", antwortet:

„Wenn du kannst? Alles kann, wer glaubt!" (Mark. 9,23).

Und seinen Jüngern, im Gespräch über den Weg zum Vater (Joh.14) am Schluss sagt:

„Amen, amen, ich sage euch: Wer an mich glaubt, wird die Werke, die ich vollbringe, auch vollbringen und er wird noch größere vollbringen... (Joh. 14,12).

Der Verlust des Evangeliums

In den Anfängen des Christentums, als man es eher als eine jüdischen Sekte, denn als Kirche bezeichnen konnte, mochte vielleicht noch die spirituelle Flamme in den Anhänger gebrannt haben. Mit zunehmender Ausbreitung und Größe, zu der der heilige Paulus maßgeblich beigetragen hat, wurde eine strukturierte Organisation und dogmatische Leitsätze erforderlich, um den Zusammenhalt der einzelnen, oft weit verstreuten Gemeinden zu gewähren. Zudem musste man, um weltliche Herrscher freundlich zu stimmen, Verfolgungen zu vermeiden, auch gnädig stimmende Verhaltensvorschriften ausgeben, wie z.B. Paulus an die Römer schreibt (Römer 13,1-7):

„Jeder leiste der staatlichen Gewalt den schuldigen Gehorsam. Denn es gibt keine staatliche Gewalt, die nicht von Gott stammt; jede ist von Gott eingesetzt. Wer sich daher der staatlichen Gewalt widersetzt, stellt sich gegen die Ordnung Gottes, und wer sich ihm entgegen stellt, wird dem Gericht verfallen...

Diese und ähnliche Anweisungen führten nicht zuletzt dazu, dass Kaiser Konstantin im Jahre 313 die junge Kirche, die bereits aus einer erklecklichen Anzahl von Diözesen bestand und bis daher vor Verfolgung nicht sicher sein konnte, unter seinem kaiserlichen Schutz stellte, und somit zur Staatskirche machte. Er nutzte die straffe Organisation der einzelnen Bistümer, um einen betont militärisch organisierten Beamtenstaat zu errichten.

So dienten sich immer wieder Kirchenfürsten (Bischöfe und Kardinäle) der weltlichen Obrigkeit an, zu deren und dem eigenen Nutzen. Sie schreckten dabei vor Betrügereien und Urkundenfälschungen nicht zurück, wie es die „Konstantinische Schenkung" belegt. Eine Urkunde, die wohl zwischen 750 und 760 gefälscht wurde und nach der Kaiser Konstantin d.Gr., Papst Silvester I., Rom und die Westhälfte des Röm. Reiches übertrug.

Über die Jahrhunderte hinweg nutzte die Kirche diese Verbindungen, baute sie aus, verbreitete das „Evangelium" mit Feuer und Schwert. Ob in Europa gegen die Sachsen, oder in Amerika gegen die Indianer, die Inka und Azteken. Und wenn ein Kirchenmann dabei ums Leben kam, wurde er kurzerhand zum Heiligen erhoben. An die Worte Jesu:

Wenn man euch aber in einem Haus oder einer Stadt nicht aufnimmt und eure Worte nicht hören will, dann geht weg und schüttelt den Staub von euren Füßen." (Mt. 10,12-14)
dachte man dabei nicht.

So entwickelte sich die Kirche zu einem multinationalen Konzern. Feste Strukturen galt es zu schaffen, weitreichende Verwaltungen zu errichten. Nur die Lehre Christi blieb zunehmend auf der Strecke, denn habgierigen und machthungrigen Managern können diese, Habsucht und Gier verachtenden Worte des Evangeliums nicht dienlich sein. So wurden denn auch Kirchenlehrer wie Meister Eckhart, der in seiner Lehre auf das Evangelium verwies, schnell als Ketzer verurteilt.

Spricht man aber diese oftmals unselige Verknüpfung der Kirche mit den staatlichen Gewalten an, das Abverlangen des Gehorsams zu den weltlichen Mächten, so bekommt man in schöner Regelmäßigkeit zu hören, dass Jesus ja auch zum Gehorsam der Staatsführung gegenüber aufgerufen habe. Es wird dann auf das Evangelium Luk. 20,20-26 verwiesen. Doch vertieft man sich in diesen Text, wird einem schnell klar, worum es wirklich geht:

Daher lauerten sie ihm auf (die Schriftgelehrten) und schickten Spitzel, die sich fromm stellen und ihn bei einer unüberlegten Antwort ertappen sollten, denn sie wollten ihn der Gerichtsbarkeit des Statthalters übergeben. Die Spitzel fragten ihn: „Meister, wir wissen, dass du aufrichtig redest und lehrst und nicht auf die Person siehst, sondern wirklich den Weg Gottes lehrst. Ist es uns erlaubt, dem Kaiser Steuern zu zahlen, oder nicht? Er aber durchschaute ihre Hinterlist und sagte: Zeigt mir einen Denar! Wessen Bild und Aufschrift sind darauf? Sie antworteten: Die des Kaisers.

Und nun kommt die Stelle, auf die sich angeblich diese Gehorsamsverpflichtung stützt:

Da sagte Jesus zu ihnen: Dann gebt dem Kaiser, was dem Kaiser gehört und Gott, was Gott gehört.

Natürlich, wenn man nur diesen Satz hört, kann schnell dieser Eindruck entstehen. Zudem war es ganz und gar nicht in Jesus Sinn, sich mit dem römischen Statthalter anzulegen. Seine Mission lag eher darin, den jüdischen Glauben zu reformieren, von festgefahrenen Strukturen zu befreien.

So hat er immer wieder die Pharisäer und Gesetzeslehrer zurecht gewiesen und die verkrusteten Strukturen des Judentums angemahnt, als er z.B. bei einem Pharisäer zum Essen war und dort sagte:

„Doch weh euch Pharisäern! Ihr gebt den Zehnten von Minze, Gewürzkraut und allem Gemüse, die Gerechtigkeit aber und die Liebe zu Gott vergesst ihr. Man muss das eine tun, ohne das andere zu unterlassen.

Weh euch: Ihr seid Gräber, die man nicht mehr sieht; die Leute gehen darüber, ohne es zu merken.

Weh euch ihr Gesetzeslehrer! Ihr habt den Schlüssel (der Tür) zur Erkenntnis weggenommen. Ihr selbst seid nicht hineingegangen und die, die hineingehen wollten, habt ihr daran gehindert."(Lukas 11,42...52)

Ob es um die Frage des Fastens ging (Lukas 5,33-39), das Abreißen der Ähren am Sabbat, Heilen am Sabbat, (Lukas 6,1-11), oder auch um das Gebot der Reinheit, (Mat. 15,1-20)

Da kamen von Jerusalem Pharisäer und Schriftgelehrte zu Jesus und sagten: Warum missachten deine Jünger die Überlieferung der Alten? Denn sie waschen sich nicht die Hände vor dem Essen. Er entgegnete ihnen: Warum missachtet denn ihr Gottes Gebot um eurer Überlieferung willen? Gott hat gesagt: Ehre Vater und Mutter!, und: wer Vater und Mutter verflucht, soll mit dem Tod bestraft werden. Ihr aber lehrt: Wer zu Vater oder Mutter sagt: Was ich dir schulde, erkläre ich zur Opfergabe!, der braucht seinen Vater oder seine Mutter nicht mehr zu ehren. Damit habt ihr Gottes Wort um eurer Überlieferungen willen außer Kraft gesetzt. Ihr Heuchler! ...
Und er rief die Leute zu sich und sagte: Hört und begreift: Nicht das, was durch den Mund in den Menschen hineinkommt, macht ihn unrein, sondern was aus dem Mund des Menschen herauskommt, das macht ihn unrein.

Jesus ließ keine Gelegenheit aus, den Schriftgelehrten und Pharisäern ihre Scheinheiligkeit vorzuhalten.

Die Kirche heute

Da stellt sich nun die Frage: Was würde Jesus unseren Kirchenfürsten, Kardinälen und Schriftgelehrten heute sagen?
Ihr habt alles richtig gemacht? Ihr habt, wie ich euch beauftragt habe, das Evangelium, die Frohe Botschaft den Menschen gebracht?
Oder würde er ihnen sagen:
Ihr habt mit euren Gesetzen und Dogmen den Menschen schwere Lasten aufgeladen, die ihr selber nicht tragen wollt!
Stattdessen habt ihr in Unzucht und Verschwendung gelebt!
Ihr verschließt den Menschen das Himmelreich. Ihr selbst geht nicht hinein; aber ihr lasst auch die nicht hinein, die hineingehen wollen.
Ihr habt meine Worte den Menschen nicht weitergegeben und ihnen erklärt. Statt dessen habt ihr ein Geheimnis daraus gemacht.

Ich denke, es wiederholt sich alles. Was vor zweitausend Jahren die Schriftgelehrten und Pharisäer des Judentums waren, kann man heute getrost auf Schriftgelehrte und den Klerus der Kirche übertragen, denn „sie predigen Wasser, trinken selber aber den Wein!"
Selbst Papst Franziskus ließ es sich nicht nehmen, die Kurie zu kritisieren. Die Kardinäle litten unter „spirituellem Alzheimer, Größenwahn, Scheinheiligkeit und Geschwätzigkeit".
Wen wundert es dann, wenn immer mehr Gläubige der Kirche den Rücken zuwenden. Nichts mit dem zu tun haben wollen, was von den Altarinseln gepredigt wird.
Anfang Mai 2019 wurde das Ergebnis einer Studie veröffentlicht, welches die beiden großen Kirchen in Auftrag gaben. Danach würde sich die Mitgliederzahl der beiden Kirchen bis ins Jahr 2060 nahezu halbieren. Und hierbei schlügen nicht in erster Linie die demografischen Veränderungen (geringere Geburtenzahlen,

Schwund durch die Sterberate) zu Buche. Den weit größeren Anteil hierbei haben „normale" Kirchenaustritte.

Ob die Diskussion, die darauf entbrannte wirklich zu einer Veränderung, einer Verbesserung der Situation führen wird mag getrost bezweifelt werden. So gingen in einer Radiosendung mit dem Titel *„Brauchen wir die Kirche heute noch?"* die Meinungen der Anrufer weit auseinander. Für die älteren waren die Kirchen für ihre caritative Tätigkeit sehr wichtig, andere fanden die Sakramente der Kirche wichtig. Für wieder andere war die Kirche fester Bestandteil der Orte (hierbei war wohl mehr an das Gebäude gedacht). Jüngere Anrufer hingegen waren überwiegend der Meinung, dass man den Glauben auch ohne Kirche leben kann. Humanisten wären schließlich auch gute Menschen.

Und wenn den höchsten Kirchenmännern der Republik, dem EKD-Ratsvorsitzenden und dem Vorsitzenden der deutschen Bischofskonferenz, nicht viel mehr dazu einfällt, als sich für die schweren Vorfälle der letzten Zeit wiederholt zu entschuldigen und die Anpassung an den Zeitgeist zu beschwören, anstatt zu erkennen, dass es nicht darum gehen kann, die Kirchen wieder voll zu bekommen, sondern den Menschen das Evangelium zu verkünden, dann wird diese Prognose mit Sicherheit eintreffen.

So ist der innere Verfall allerorts spürbar.

Und nach der esoterischen Erkenntnis:

Wie Innen, so Außen!

manifestiert er sich an dem langsam fortschreitenden äußeren Verfall der Gebäude, der Kirchen.

Allein in unserem Stadtteil darf die evangelische Kirche wegen Baufälligkeit nicht mehr betreten werden, und an der katholischen Kirche ist der Turm so marode, dass die Glocken nicht mehr läuten dürfen. Und um all das noch deutlicher zu machen, brannte in der Osterwoche 2019 die Pariser Kathedrale „NOTRE-DAME" in hellen Flammen, Flammen der Reinigung.

Man braucht nicht lange zu warten, bis Argumente kommen, wie:

„Das war alles ein unglücklicher Zufall, eine Verkettung unglücklicher Umstände."

Nur ich gebe dabei zu bedenken, dass es bei Gott KEINE ZUFÄLLE gibt!

Auch wenn die Gebäude noch so marode sind, ist das Gemeindeleben rege wie eh und je, vielleicht sogar noch aktiver als früher. Feste werden veranstaltet, Benefizkonzerte aufgeführt, alles für einen guten Zweck, na klar. Und zu den Feiertagen sind die Kirchen übervoll. Ob zu Weihnachten oder Ostern, auch zu persönlichen Festen wie die Erstkommunion, ist kaum noch ein Platz in den Kirchen zu bekommen - in einer evangelischen Kirche in Essen werden sogar Eintrittskarten für den Weihnachtsgottesdienst ausgegeben, hörte ich heute im Radio -. So hat sich die Kirche im Laufe der letzten Jahre zu einer „EVENTKIRCHE" entwickelt. Denn auf eine gute Party mit möglichst vielen Geschenken möchte man ja nicht verzichten. Danach bleibt dann alles beim Alten. Vom Evangelium wissen die wenigsten etwas, und wenn, dann hat man es nicht verstanden.

Wo sind die Geistlichen, die Priester, die aus innerer Überzeugung heraus das Evangelium verkünden und erklären?

Warum werden in der Leseordnung immer wieder aufschlussreiche Texte ausgeklammert und übergangen?

Hat das Methode? Verbirgt sich dahinter vielleicht eine Absicht?
Oder treffen Jesu Worte zu, wenn er von den Schriftgelehrten sagt:
Sie sind blinde Blindenführer! (Mt.15,14)

Dies ist gar nicht so abwegig. Möglicherweise haben ja viele unserer Kirchenführer das Evangelium selbst nicht recht verstanden.

Um andere Menschen von einer Sache zu begeistern, muss man sich erst einmal selber dazu bekennen. Aber wie kann man sich zu etwas bekennen, was man selber nicht kennt.

Wie kann es auch sein, wo Jesus doch auf der einen Seite sagt, man solle die Gebote einhalten z.B. das vierte:

Du sollst deinen Vater und deine Mutter ehren...

und andererseits seine Mutter verleugnet, als sie mit ihm reden will (Mt.12,46-50):

Als Jesus noch mit den Leuten redete, standen seine Mutter und Brüder vor dem Haus und wollten mit ihm sprechen. Da sagte jemand zu ihm: Deine Mutter und deine Brüder stehen draußen und wollen mit dir sprechen. Dem, der ihm das gesagt hatte, erwiderte er: Wer ist meine Mutter und wer sind meine Brüder? Und er streckte die Hand über seine Jünger aus und sagte: Das hier sind meine Mutter und meine Brüder.

Und Jesus auch von seinen Jüngern erwartet, Brüder und Schwestern, Vater und Mutter, Kinder und Äcker zu verlassen um ihm zu folgen.

Es war und ist gewiss nicht leicht, so etwas zu fordern. Wer vermag schon die wirtschaftlichen Zwänge und gesellschaftlichen Verpflichtungen, mit denen wir uns wie mit einem Panzer umgeben haben, aufzubrechen, abzuwerfen. Aber es ist die Voraussetzung, sich von allem Materiellen, Weltlichen abzuwenden, um:

„ *die Werke, die ich vollbringe, auch zu vollbringen und er wird noch größere vollbringen*" (Joh.14,12).

Auch er hatte ja allem Weltlichen abgesagt, allen materiellen Versuchungen widerstanden, als er mit dreißig Jahren, nach der Taufe im Jordan, vierzig Tage und Nächte in der Wüste lebte. Erst jetzt konnte der Vater, der heilige Geist in vollem Umfang durch ihn wirken. Nun wurde die Welt auf ihn aufmerksam.

In seiner Jugend wird er aller Voraussicht nach so gelebt haben, wie alle erst geborenen Jungen zu der Zeit, und auch heute noch im Orient.

Ich selbst habe während eines längeren Aufenthaltes in Algerien, Familien kennen gelernt, in denen bereits 14jährigen Jungen erhebliche Verpflichtungen und Verantwortung für die Familie aufgebürdet wurden. Sie übernehmen – wenn der Vater nicht anwesend ist – die Rolle des Familienoberhauptes.

Erst als Jesus jüngere Geschwister herangewachsen waren, konnte er einem seiner Brüder diese Last übergeben. Sich so befreien von den Lasten und Sorgen des Alltags, um Familie und Broterwerb.
Sich frei machen für den heiligen Geist, den Geist des Vaters.
Jetzt, nach der Taufe im Jordan, *sah er den Geist Gottes wie eine Taube auf sich herab kommen* (Joh.3,16).
Aber es standen noch wichtige Prüfungen an. Prüfungen nach einer vierzigtägigen Fastenzeit in der Wüste. Hier bewies er, dass er den Versuchungen des Materialismus, des Reichtums widerstand.
Jetzt erst konnte der heilige Geist vollkommen durch ihn wirken.
Jetzt erst war er offen für die göttliche Kraft.
Und diese Kraft ist in jedem von Euch, so sagte er seinen Jünger.
Sie müssen sich nur dessen bewusst sein. Die Zwangsjacke des materiellen Denken und Wollen ablegen. So können auch sie die Werke vollbringen, die er vollbringt.

Ist Kirche noch zu retten?

Die Kirche, so wie wir sie hier kennen, wird sich über Kurz oder Lang selber abschaffen. Geführt wie ein Wirtschaftsunternehmen mit straffer Einnahmen und Ausgaben Rechnung, hat sie großteils ihre wirkliche, von Christus übernommene Aufgabe vergessen.
Aber auch als Wirtschaftsunternehmen wird sie mehr als miserabel geführt.
Ich sah einige Unternehmen ins Trudeln geraten, deren Geschäftsführung nichts Besseres wusste, als auf Umsatzeinbruch mit Personalabbau – vorwiegend in der Produktion – zu reagieren, anstatt ihr Produkt zu überarbeiten und neue Marketingstrategien zu ergreifen. Kurzfristig mögen die Bilanzen dadurch aufgehübscht werden. Das mag die Aktionäre erst einmal zufrieden stellen. Jedoch werden von dem nun geschrumpften Mitarbeiterstamm erheblich höhere Anstrengungen und Leistungen gefordert, denen die Mitarbeiter auf Dauer nicht gerecht werden können. Höhere Fehlerhäufigkeit und steigende Krankenraten sind die Folge dieses ständigen Leistungsdrucks. Dadurch werden die Produkte schlechter, die noch verbliebenen Kunden unzufrieden, so dass auch bald die treuesten Kunden dem Unternehmen den Rücken kehren.

Und was macht unsere Kirche?
Immer mehr Kirchgänger bleiben weg! Die Reaktion unserer Kirche darauf ist das schließen von Kirchen, zusammenführen von Gemeinden zu Großgemeinden, Abbau von Personal an der Basis der Gemeinden, mit dem Ergebnis, dass bald auch noch die treuesten Kirchgänger sich abwenden. Der immer schwächer gewordene Unterbau der Kirche hatte und hat zur Folge, dass die unterste Ebene der Geistlichen (Kaplane und Pastoren) ebenfalls immer schwächer wurde, rekrutierten doch gerade sie sich aus den frommen Kirchgängern.
Wenn nun schon Personalkosten sparen, dann an den oberen

Stellen! Oder Personal von oben an die Basis versetzen. Selbstverständlich kann dieses nur von Erfolg gekrönt sein, wenn hiermit eine weitreichende Schulung bezüglich Seelsorge und vor allem die demütige Verkündung und Erklärung des Evangeliums einher geht. Denn eines dürfte klar sein:

Die Aufgabe, der Auftrag der Kirche besteht nicht darin, die Kirchen wieder voll zu bekommen, sondern das Evangelium zu den Menschen zu bringen.

Ob die Umgestaltung von Gotteshäusern mit Zeltplanen, oder das Ersetzen der Kirchenbänke durch Metallrohrstühle allein der richtige Weg sind, mag bezweifelt werden. Ebenso kann bezweifelt werden, dass das Auffrischen des Gottesdienstes mit Videoanimationen, Filmvorführungen und moderner Musik zum Erfolg führen. Es mag sein, dass durch solche Art von Aktivitäten einige Neugierige in die Kirche gelockt werden, okay!

Wenn aber dann wieder in die alten Strukturen und Schemata des Wortgottesdienstes verfallen wird, das Evangelium nicht voller Inbrunst und Überzeugungskraft den Menschen herübergebracht wird, dann werden auch diese Aktivitäten letztlich erfolglos bleiben.

In Wirtschaftsunternehmen würde man jetzt daran gehen, ein neues Produkt aufzulegen, oder ein bereits bestehendes Produkt mittels neuer Marketingstrategien an den Mann bzw. die Frau zu bringen.

Die Kirche aber hat ein ausgezeichnetes Produkt, das zeitlos ist und allen Menschen Hilfe verspricht. Hilfe, die ganz besonders in unserer Zeit nötiger ist als jemals zuvor. Viele Menschen haben ihren inneren Halt verloren. Die Suchtstatistiken sprechen eine erschreckend klare Sprache. Und hier meine ich nicht allein die Drogen-, Alkohol- oder Spielsucht. Die Sucht des hemmungslosen Konsums, ob beim Fleischverbrauch oder dem zügellosen Kauf neuer Kleidungsstücke, welche abwertend nur noch als „KLAMOTTEN" bezeichnet werden. Wer denkt schon dabei an den Raubbau, den wir damit an unserer Natur, unserer Erde und an anderen Menschen betreiben?

Spricht man einige Zeitgenossen darauf an, bekommt man in schöner Regelmäßigkeit zur Antwort:

Warum denn nicht. Ich hab doch das Geld. Ich hab doch dafür gearbeitet. Ich kann es mir doch leisten!

„Gebt Acht, hütet euch vor jeder Art von Habgier. Denn der Sinn des Leben besteht nicht darin, dass ein Mensch auf Grund seines großen Vermögens im Überfluss lebt."

Ist Jesus Antwort darauf.

Nun ist es aber so, dass Verbote allein niemanden dazu bringen, auf lange Sicht sein Verhalten zu ändern. Du darfst dies nicht und du sollst das nicht tun, wie es die ZEHN GEBOTE zum Ausdruck bringen. Es muss dem Verbot auch ein ANGEBOT entgegengesetzt werden wie z.B.: Du brauchst nicht zu stehlen, dich an fremden Gütern bereichern, denn der Vater weiß genau was du brauchst, und er wird es dir geben, wenn du darum bittest.

Und genau das ist es, was Jesus macht:

Er spricht keine Verbote aus, sondern macht Angebote.

„Kommt alle zu mir, die ihr euch plagt und schwere Lasten zu tragen habt. Ich werde euch Ruhe verschaffen. Nehmt mein Joch auf euch und lernt von mir, denn ich bin gütig und von Herzen demütig. So werdet ihr Ruhe finden für eure Seele. Denn mein Joch drückt nicht und meine Last ist leicht." (Mt. 11,28)

oder:

„Amen, amen, ich sage euch: Wer an mich glaubt, wird die Werke, die ich vollbringe, auch vollbringen und er wird noch größere vollbringen... (Joh. 14,12).

Und das sind ganz gewiss keine leeren Versprechungen.

Und wenn Papst Franziskus in seiner Weihnachtsansprache den zügellosen Konsum, das Schwelgen im Überfluss und die Gier nach materiellen Dingen in unserer Gesellschaft anprangert, dann ist das schon ein kleiner Schritt in die richtige Richtung. Jedoch schwingt auch hier wieder ein Hauch von Verbot mit. Würde er die grenzenlose Freiheit, die Kraft des Geistes – des heiligen Geistes - ansprechen, die in jedem von uns wohnt, die nur darauf wartet, befreit zu werden, die darauf wartet, dass der Panzer aus materiellem Sinnen und Denken, den wir um uns errichtet haben, aufgebrochen wird, die uns Kräfte verleiht, wie Jesus sie uns versprochen hat, dann würde diese Ansprache sicher auf fruchtbareren Boden fallen.

Man muss sich doch nur einmal die raffinierten Strategien und Praktiken der Werbetreibenden ansehen:

Sie suggerierenden den Menschen: „Du bist nicht schön, nicht erfolgreich, begehrenswert, mit deiner Nachbarin klappt das nicht...“

Aber wir haben das richtige Auto, die richtige Jeans, das richtige Shampoo, das richtige Spülmittel für dich, dann klappt das auch mit der Nachbarin...

So zerstören sie geschickt das Selbstbewusstsein der Menschen, um ihre Produkte an den Mann zu bringen.

Wenn wir uns allerdings bewusst machen, dass wir von Grund her - vom göttlichen Ursprung her - vollkommen sind, dann würden es die Werbestrategen mit ihren Maschen schwer haben.

Nun ist es aber leider so, dass die meisten Menschen sich nur all zu gerne auf diese Tricks einlassen, um, nachdem sie das bestimmte Teil erworben haben, auf all die anderen herabschauen können, die noch mit dem alten Auto herumfahren, mit dem alten Handy telefonieren oder eine zwei Jahre alte Jeans tragen.

Wen wundert es dann, dass die weisen Worte des Papstes bereits nach wenigen Tagen aus den Köpfen vieler Menschen getilgt sind, zumal es selbst in der Kirche nicht gerade wenige Amtsträger gibt, die man getrost in die Reihen dieser Konsumenten eingliedern kann, bei denen es an der von Christus geforderten „christlichen Bescheidenheit“ in erheblichem Maße mangelt. Der Schaden, den diese „Geistlichen“ der Kirche zufügen, ist kaum bezifferbar.

Aber ein noch viel gravierenderer Grund für die Unglaubwürdigkeit der Kirche sind die immer wieder öffentlich werdenden Missbrauchsfälle Geistlicher an Kindern, Jugendlichen und sogar Ordensschwestern. Wie ein Tsunami fegt diese Welle über die Kirche hinweg. Allein in Australien spricht man von ZEHNTAUSENDEN Missbrauchsfällen Geistlicher. Und dass sich dieses nicht allein auf die unteren Ebenen des Klerus beschränkt, zeigten die letzten Wochen. Selbst bis in die höchsten Spitzen des Vatikans schwappt diese Schmutzwelle.

Wie krank muss ein Mensch sein, der als Bestrafung zweier Jugendlicher sich von diesen nach der Messe oral befriedigen lässt. Wie krank muss ein System sein, das solche Früchte hervor bringt?

Jesus sagt folgendes dazu:
„An ihren Früchten werdet ihr sie erkennen. Erntet man etwa von Dornen Trauben oder von Disteln Feigen? Jeder gute Baum bringt gute Früchte hervor, ein schlechter Baum aber schlechte. Ein guter Baum kann keine schlechten Früchte hervorbringen und ein schlechter Baum keine guten. Jeder Baum, der keine guten Früchte hervorbringt, wird umgehauen und ins Feuer geworfen." Matt. 7,16-19
Wie tief schon das System „KIRCHE" von diesen Verderbtheiten durchdrungen ist, kann niemand genau sagen, jedoch dürfte auch den eifrigsten Verfechtern des Zölibats klar geworden sein, dass Sexualität und das Bedürfnis nach körperlichem Kontakt selbst vor höchsten kirchlichen Amtsträgern nicht halt macht.
Will die kath. Kirche nicht zu einem „SCHLECHTEN BAUM" werden (wenn sie es nicht schon ist), so sollte sie aus dieser Erkenntnis recht bald die Konsequenz ziehen und diesen unrühmlichen Zölibat abschaffen.
Denn dass der in der ganzen Kirchengeschichte immer wieder gebrochen wurde, machen Berichte aus dem Mittelalter deutlich:

Kardinäle und selbst Päpste hielten sich Mätressen und zeugten sogar Kinder.

Ein zölibatäres Leben setzt einen spirituell hoch entwickelten Menschen voraus. Einen Menschen, der aus dem Geist heraus lebt und allen materiellen, körperlichen Versuchungen nicht nur widersteht, sondern überhaupt kein Bedürfnis danach hat, genau so, wie Jesus es vor gelebt hat. Aber so sind eben nur die wenigsten Menschen.

Unter welch einem Leidensdruck muss ein Mensch stehen, dem schon eine liebevolle Umarmung oder die zärtliche Berührung eines anderen Menschen für immer strikt untersagt ist und dabei denke ich nicht einmal an sexuelle Berührungen.

Und wenn Jesus sagte:

„Der Geist ist es, der lebendig macht; das Fleisch nützt nichts...." Joh. 6,63

dann steht das nicht im Widerspruch zur liebevollen Berührung mit anderen, lieben Menschen. War er es nicht selbst, der sich von Judas umarmen und küssen ließ, was darauf schließen lässt, dass das ein üblicher Begrüßungsbrauch war (und heute in vielen Gegenden noch ist)!

Kann ein Mensch überhaupt existieren ohne die liebevollen Berührungen eines anderen und umgekehrt?

Menschen, die ohne körperlichen Kontakt zu anderen aufwachsen, verkümmern seelisch. Dies machte eine Studie in den 50ern deutlich. Und da wundert es doch niemanden, dass es aus der seelischen Not heraus immer wieder zu Missbrauchsfällen in der kath. Kirche kommt.

Wer will denn ernsthaft behaupten, dass Menschen, die in einer glücklichen Beziehung, einer Familie leben, nicht auch spirituell ausgerichtet sein können, nicht den heiligen Geist in sich spüren können?

Und genau diesen Geist gilt es zu den Menschen zu bringen, sie von ihren materiellen Fesseln zu befreien und sich nicht hinter Kirchtürmen und Klostermauern zu verschanzen.

Eben so sind auch die Worte unseres Herrn Pastors zu werten, als er in der Predigt am Sonntag vor Weihnachten zum Evangelium, in dem es um Marias Besuch bei ihrer Verwandten Elisabeth ging, sagte, dass Maria, die gerade Jesus empfangen hatte, sich auf den Weg machte. Dass sie hinaus gegangen ist und dass so Jesus bereits vor seiner Geburt sich zu den Menschen aufgemacht hat.

Die mächtigen der Welt, die Fürsten, die Manager lassen die Menschen zu sich in ihre Paläste kommen, um ihre Pracht zu demonstrieren, um sich bedienen zu lassen. Jesus aber ging hinaus zu den Menschen. Er verbarg sich nicht hinter Tempelmauern, um sich bedienen zu lassen. Er ging hinaus um den Menschen die frohe Botschaft zu verkündigen. Und so trug er es auch seinen Jüngern auf:

„Geht hinaus in die ganze Welt und verkündet das Evangelium allen Geschöpfen...".(Mk. 16,15)

Diese Worte unseres Herrn Pastors bringen es auf den Punkt:
Gehet hin zu den Menschen! Erwartet nicht, dass sie zu euch kommen. Verschanzt euch nicht hinter den Mauern der Klöster, Kathedralen und Dome! Legt ab eure Bequemlichkeit und nehmt endlich den Auftrag Jesu ernst, das Evangelium zu den Menschen zu bringen

Die Zukunft, - eine Vision?

Im Laufe der Jahrtausende hat sich die Kirche einen enormen materiellen und dogmatisch-geistlichen Ballast aufgeladen, unter dem sie nun zu ersticken droht. Von den monströsen Kathedralen, deren Unterhaltung allein schon riesige Vermögen verschlingt bis zu den hohen „WÜRDENTRÄGERN" deren Gehälter bzw. Zuwendungen die Personalkosten unnötig in die Höhe treiben. All diese selbst auferlegten Verpflichtungen machen die Kirche zu einem Riesentanker, der manövrierunfähig in gefährlich flaches Fahrwasser geraten ist.

Hat etwa Jesus davon gesprochen, die Frohe Botschaft, das Evangelium aus Kathedralen zu verkünden? Hat er nicht im Gegenteil seinen Aposteln aufgetragen: Nehmt nichts mit, wenn ihr zu den Menschen geht, um ihnen das Evangelium zu verkünden?

Hat er nicht ausdrücklich davor gewarnt, Reichtümer hier auf Erden anzuhäufen?

Und wo hat er etwas vom Zölibat gesagt, oder, dass Frauen keine Priester sein dürfen?

Und was ist mit der Eucharistie?

Warum dürfen Frauen wohl Wortgottesdienste halten, aber keine Eucharistie feiern? Eucharistie heißt „Dank sagen" und sollte nicht jeder Christ, ja jeder Mensch aus tiefstem Herzen, aus aufrichtiger Demut danke sagen?

Danke Himmlischer Vater, danke für die Menschen, die du an meine Seite gestellt hast, danke für das Lächeln eines Kindes, danke für den Sonnenstrahl, der meine Haut berührt, danke für die kleinen Dinge, die du uns tagtäglich bescherst?

Und bitte lieber Vater lass uns das nie vergessen, dass du, dass dein Geist immer in uns , immer bei uns ist. Mach uns stark, dass wir uns nicht von den Verführungen und dem Blendwerk der materiellen Welt irreführen lassen.

Ja so stelle ich mir DANKSAGUNG vor.

Und wenn jeder Mensch in tiefster, innerer Dehmut Dankbarkeit empfinden würde, dann würden wir erkennen, was Jesus sagte, als er von den Pharisäern nach dem Gottesreich gefragt wird:
„Das Reich Gottes ist schon mitten unter euch." (Luk17,21)

Aber in der Eucharistie wird noch eine ganz besoderen Art der Dangsagung gefeiert: Der Dank an Jesus dafür, dass er sein Leiden, seinen Tod auf sich genommen hat, um uns durch seine Auferstehung aus der Finsternis ins Licht zu führen, den Schleier der Blindheit von den Augen zu nehmen. So wie er es seinen Jünger verständlich machen will, als er ihnen sagt:
„Der Geist ist es der lebendig macht; das Fleisch nützt nichts...." Joh. 6,63
Jedoch macht es unsere konsumorientierte Gesellschaft einem schwer, dieses Bewustsein zu erhalten. Mit ihren raffinierten Sprüchen und Slogen, in denen es z.B. heißt:
„Dein Haar ist voll Spliss und strähnig. Du siehst schrecklich aus! Da hilft nur noch die Schere! Wir aber haben die Lösung für dich! Mit unseren Shampoo kriegst du das wieder hin. Mit unserem Shampoo kannst du die Schere wegwerfen! Mit unserem Shampoo bist du wieder schön!
werden die Menschen erst einmal klein gemacht, ihr Selbstbewusstsein zerstört, um es dann mit dem entsprechenden Produkt wieder aufzubauen.
Genau diese Methode hat auch die Kirche Jahrhunderte lang angewendet um die Menschen klein zu halten. Nun aber ziehen diese Sprüche nicht mehr. Die Slogen der Werbeindustrie großer Konzerne haben ihnen längst den Rang abgelaufen. Jeder weiß: Ich bin der Beste, ich bin die Schönste... wenn ich nur das richtige Produkt kaufe.
Und dennoch merken die meisten mit der Zeit, dass ihnen doch noch etwas fehlt. Etwas, dass man nicht kaufen kann.
Jesus dagegen macht die Menschen nicht herunter, er erhebt sie zu

46

Kindern des allmächtigen Vaters. Wir alle haben die Kraft seines heiligen Geistes in uns. Wir müssen uns nur dessen bewusst sein. Das ist SEINE Botschaft!

Natürlich ist es nicht leicht, sich von Jahrhunderte alten Traditionen und Vorschriften zu trennen, aber soll der Riesentanker Kirche wieder ins tiefe Fahrwasser kommen, wird es unumgänglich sein, Ballast abzuwerfen, so dass man sich wieder auf das Wesentliche – das Evangelium – konzentrieren kann.

Ich stelle mir eine Kirche vor, die ohne Kathedralen und monströse „Gotteshäuser" auskommt, denn Gott lebt nicht in Kirchenmauer, sondern in jedem von uns!

Ich stelle mir eine Kirche vor, in der jeder das Wort Jesu weitergeben kann!

Ich stelle mir eine Kirche vor, in der jeder, der an Christus glaubt, Dank sagen kann!

Darum lasst uns mutig von einer besseren Welt träumen, wie Jesus sie uns versprochen hat. Denn bei allem, was da ist, war und wird auch immer ein Traum vorher gewesen sein. Lasst uns auf Christus und den Vater bezogen diesen Traum von der ungezwungenen, kindlichen Fröhlichkeit realisieren.

„Wenn ihr nicht umkehrt und wie die Kinder werdet, könnt ihr nicht in das Himmelreich kommen",

so sagte es Jesus seinen Jüngern, als sie darum stritten, wer der Größte im Himmelreich sei.

Und vielleicht ist ja auch wirklich noch nicht alles verloren, denn die Worte eines Paters, der letzten Sonntag bei uns die Predigt hielt, könnten so etwas wie ein Funken der Hoffnung sein, einer Hoffnung, dass es doch noch mehr Kleriker gibt, die sich trauen, die Mißstände in der Kirche anzusprechen.

Im Bezug auf das Evangelium Joh.21,1-19, als Jesus sich noch einmal nach seiner Auferstehung seinen Jüngern offenbarte und sie um etwas zu essen bat, sie aber mit leeren Händen da standen, weil sie nichts gefangen hatten, hierzu sagte er:

„Hier bei uns wird es wohl kaum noch jemanden geben, der
physischen Hunger leidet. Aber es gibt auch eine andere Art von
Hunger; den seelischen Hunger. Wie würden wir uns heute
verhalten, wie würde sich die Kirche verhalten, wenn jemand mit
seelischem Hunger zu ihr käme?
Würden wir auch mit leeren Händen dastehen??
Kann jemand, der selber nichts hat, einem anderen helfen??
Im Evangelium sagte Jesus seinen Jüngern, sie sollen das Netz zur
rechten Seite auswerfen, dann würden sie etwas fangen.
Und genau so geschah es: Das Netz war so voll, dass sie es allein
nicht an Land ziehen konnten.
Im übertragenen Sinne würde das bedeuten, dass sich die Kirche,
dass wir uns noch einmal die heilige Schrift, das Evangelium
verinnerlichen sollen, so dass auch für uns das Netz wieder voll
wäre.
Die Spiritualität, das Wissen um den heiligen Geist ist nicht allein
von den Amtsträgern der Kirchen gepachtet. Jeder Christ, ja, jeder
Mensch kann Träger der Spiritualität sein!"

In einem kurzen Gespräch, das wir beide nach der Messe in der
Sakristei hatten, wobei ich mich für seine gute Predigt bedankte und
besonders den Bezug zum Evangelium und der dort inneliegenden
Spiritualität hervorhob, nickte er zustimmend.
„Ja, es müsste viel öfter zum Evangelium gepredigt werden. Wenn
die Kirche sich nicht nur immer selber im Weg stehen würde!"

So konnte ich nach dieser Sonntagsmesse wieder neue Hoffnung
schöpfen, denn wo einer ist, da werden auch noch weitere sein. Und
es werden sich noch andere hinzugesellen, so wie vor zweitausend
Jahren.
Darum lasst uns mit dem Evangelium im Gepäck, die Fröhlichkeit
Christi hinaustragen in unseren Alltag, denn wir können nichts
verlieren, außer unserer Angst.